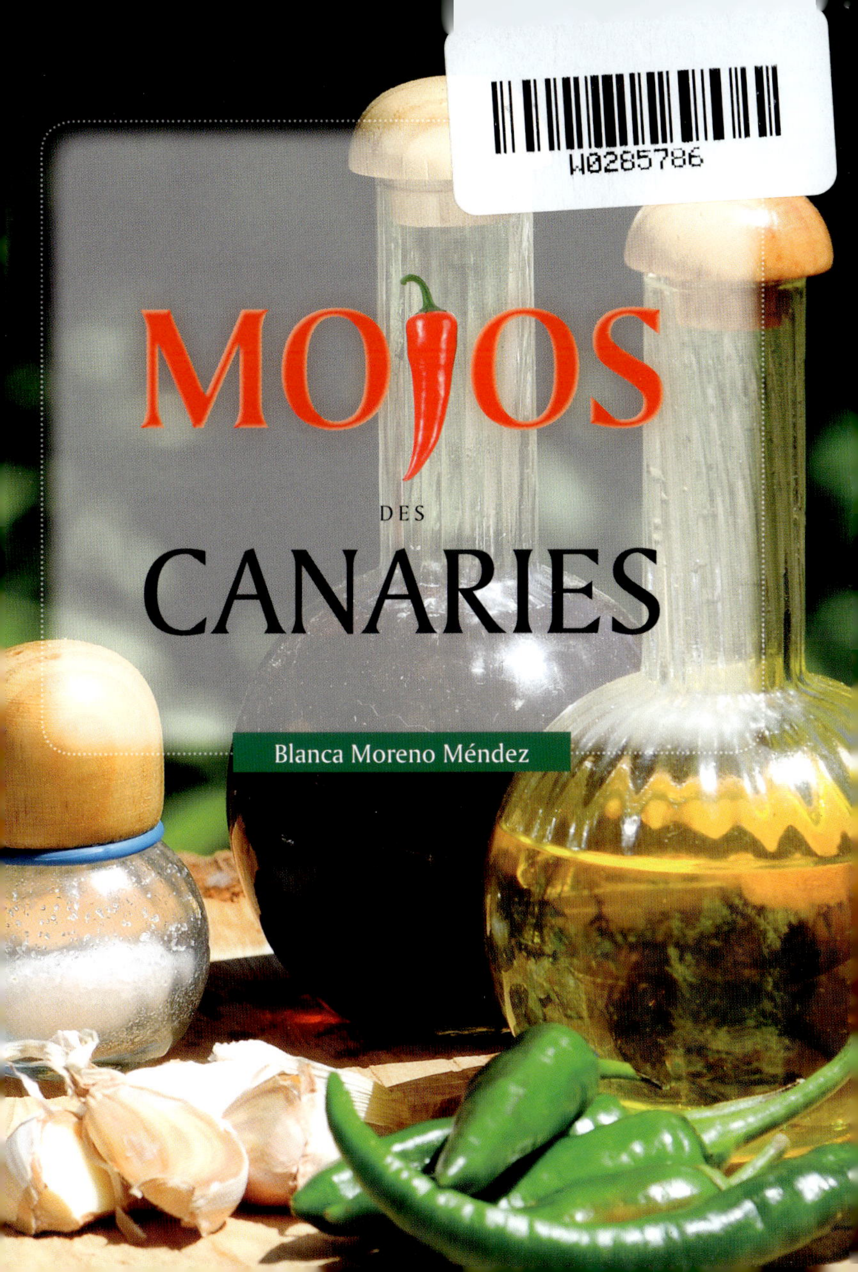

MOJOS DES CANARIES

Blanca Moreno Méndez

INTRODUCTION et CONSEILS

Ce qui attire le plus l'attention des visiteurs dans notre gastronomie est sans l'ombre d'un doute, les « Mojos », compagnons inséparables des plats canariens, comme les papas arrugadas (pommes de terre cuites au sel en robe des champs, puis séchées), les poissons, le gofio et les viandes.

Les mojos ne peuvent manquer sur aucune table canarienne.

Actuellement, sur le marché, on peut acquérir une grande variété de mojos canariens, mais si vous désirez les préparer vous-mêmes, ce "livre de recettes de mojos traditionnels", avec les indications des gens des îles qui les préparent chez eux, vous sera très utile.

En général, dans les maisons des Canariens, on le prépare avec le traditionnel mortier, plus lent mais plus authentique. Cependant, si vous le désirez, vous pouvez utiliser un mixer qui, en plus de sa rapidité, vous donnera un mojo plus trituré et homogène.

La plupart des ingrédients des mojos sont simples. Le piment (vert ou rouge) ne manque jamais, l'ail, l'huile et le vinaigre. Le piment vert est toujours tendre mais le rouge peut être frais ou sec. Lorsqu'on l'utilise sec, il faut le mettre à tremper 4-10 heures ou le faire bouillir quelques minutes. Généralement on supprime les graines, à moins qu'on le veuille plus piquant.

MOJO ROJO PICÓN

MOJO ROUGE PIQUANT

INGRÉDIENTS

Pour une tasse, env. 250 ml

- **2 piments rouges ou de La Palma (frais ou secs)**
- **2 piments piquants (frais ou secs)**
- **1 piment "ñora" (pour épaissir la préparation)**
- **1 petite cuillère de poivre rouge doux en poudre**
- **2 petites cuillères de cumin en poudre**
- **4 gousses d'ail**
- **1 tasse à café d'huile d'olive**
- **½ tasse à café de vinaigre de vin**
- **1 petite cuillère de gros sel**

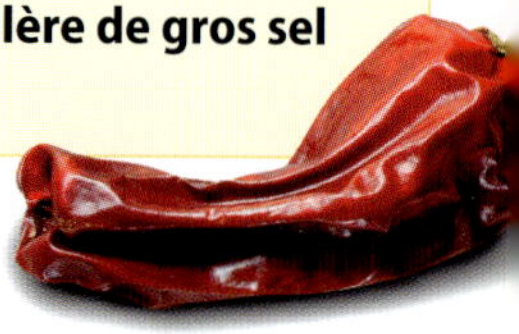

PRÉPARATION

1. Si les piments utilisés sont séchés, il faut les faire bouillir durant 5-10 minutes ou les mettre à tremper 4-10 heures.
2. Peler l'ail et le hacher.
3. Couper les piments en morceaux et enlever les graines.
4. Mettre tous les ingrédients (sauf l'huile et le vinaigre) dans le mortier et bien broyer le tout avec le galet ou le pilon en bois.
5. Ensuite, ajouter l'huile peu à peu au mélange, continuer de broyer avec le pilon du mortier et, finalement, incorporer le vinaigre.

SUGGESTIONS

Le secret, pour éviter les "renvois" et pour qu'il se conserve plus longtemps, est de le faire bouillir quelques minutes.

MOJO VERDE DE CILANTRO

MOJO VERT À LA CORIANDRE

INGRÉDIENTS

Pour une tasse, env. 250 ml

- **1 bouquet de coriandre**
- **4 gousses d'ail**
- **2 piments verts moyens (piquants ou doux, selon qu'on veuille un mojo piquant ou non), mais toujours des piments pour mojo**
- **2 petites cuillères de cumin en poudre**
- **1 tasse à café d'huile d'olive**
- **½ tasse à café de vinaigre de vin**
- **1 petite cuillère de gros sel (pas trop pleine)**

PRÉPARATION

1. Peler et hacher l'ail
2. Couper le piment en morceaux
3. Mettre la coriandre (hachée), l'ail, le sel et le cumin dans le mortier et bien broyer le tout. Ensuite, ajouter l'huile d'olive et continuer à bien remuer le tout.
4. Finalement, ajouter le vinaigre.

SUGGESTIONS

Si vous le désirez moins piquant, enlever les graines du piment et pour qu'il soit plus facile à digérer, faites le bouillir quelques minutes.

MOJO VERDE

MOJO VERT

INGRÉDIENTS

5 ou 6 gousses d'ail

3 piments verts moyens (piquants ou doux, selon que vous le vouliez piquant ou pas), mais toujours des piments à mojo

Une pincée de cumin

½ tasse à café d'huile d'olive

½ tasse à café de vinaigre de vin

Un peu de sel

PRÉPARATION

1. Broyer dans le mortier l'ail, le cumin et le sel.
2. Ajouter les piments en morceaux tout en broyant.
3. Ajouter l'huile et finalement le vinaigre.

MOJO CON QUESO

MOJO AU FROMAGE

INGRÉDIENTS

Pour une tasse, env. 250 ml

150 gr. de fromage dur ou semi-dur, du chèvre de préférence

2 piments rouges

1 petite cuillère de poivre rouge doux moulu

2 petites cuillères de cumin en poudre

3 gousses d'ail

1 tasse à café d'huile d'olive

½ petite tasse de vinaigre de vin

1 petite cuillère de gros sel (pas trop pleine)

PRÉPARATION

1. Mettre les piments et l'ail hachés, le poivre rouge, le sel et le cumin dans le mortier et bien broyer.
2. Ensuite ajouter au mélange l'huile peu à peu tout en remuant avec le pilon du mortier.
3. Ajouter le vinaigre peu à peu.
4. Finalement, ajouter le fromage. Si c'est du formage dur, il faut le râper et si c'est du semi-dur, l'incorporer en petits dès. On remue bien le fromage dans le mortier avec le galet ou le pilon.

ALMOGROTE

INGRÉDIENTS

¼ de Kg. de fromage dur (à râper)

3 piments piquants

2 gousses d'ail

3 tasses à café d'huile d'olive

1 petite cuillère de gros sel

PRÉPARATION

1. Broyer dans le mortier les piments avec les 2 gousses d'ail et le sel.
2. Verser dans un bol où l'on ajoute 3 petites tasses d'huile et où l'on râpe le fromage tout en remuant avec une spatule ou une cuillère en bois, jusqu'à obtenir la consistance d'un pâté.

MOJO DE TOMATES CHERRY O "CAGONES"

MOJO DE TOMATES CHERRY OU "CAGONES"

INGRÉDIENTS

1/2 bouquet de coriandre

2 piments verts (pour mojo)

3 gousses d'ail

6 ou 7 tomates cherry pelées

1 tasse à café d'huile d'olive

¼ tasse à café de vinaigre

1 petite cuillère de gros sel

PRÉPARATION

1. Mettre dans le mortier la coriandre, le piment haché, le sel et les gousses d'ail puis bien broyer le tout.
2. Peler les tomates et supprimer les graines. Ensuite les couper en morceaux et ajouter le mélange du mortier puis broyer encore. Lorsque tout est bien trituré, ajouter l'huile et finalement, le vinaigre.

MOJO DE AGUACATE

MOJO AUX AVOCATS

INGRÉDIENTS

Environ 500 gr. d'avocats

2 piments verts (pour mojo)

3 gousses d'ail

Un peu de persil

1 tasse à café d'huile d'olive

2 cuillérées de vinaigre

Quelques gouttes de jus de citron

1 petite cuillère de gros sel

PRÉPARATION

1. Bien broyer dans le mortier l'ail, le sel, le piment et le persil.
2. Ajouter au mortier les avocats pelés et en morceaux. Remuer tout en ajoutant l'huile peu à peu.
3. Finalement, ajouter le vinaigre.

NOTE

Ajouter quelques gouttes de citron pour l'empêcher de noircir. On peut également ajouter du fromage râpé.

MOJO DE AZAFRÁN

MOJO AU SAFRAN

INGRÉDIENTS

- **2 -3 piments de La Palma piquants**
- **Un peu de safran (à votre goût)**
- **2 gousses d'ail**
- **1 tasse à café d'huile d'olive**
- **1 cuillérée de vinaigre de vin**
- **Un peu de cumin**
- **1 petite cuillère de gros sel**

PRÉPARATION

1. Mettre les piments à tremper durant 4-10 heures ou bien les faire bouillir quelques minutes pour qu'ils se ramollissent s'ils sont secs.
2. Les couper en morceaux et les broyer dans le mortier avec les gousses d'ail, le sel, le cumin et le safran.
3. Incorporer l'huile peu à peu tout en remuant le tout et finalement incorporer le vinaigre, toujours en remuant.

MOJO DE PEREJIL “PARA LAPAS”

MOJO AU PERSIL “POUR PATELLES”

INGRÉDIENTS

Un bouquet de persil

5 gousses d’ail

Un petit verre d’huile d’olive

½ petite cuillère de cumin en poudre

3 cuillérées de vinaigre

1 pincée de sel

PRÉPARATION

1. Dans le mortier broyer le persil (haché au préalable), l’ail, le cumin et le sel.
2. Incorporer l’huile et le vinaigre tout en broyant.

NOTE

Asperger les patelles de ce mojo durant leur cuisson au grill.

MOJO PALMERO DE ALMENDRAS

MOJO DE LA PALMA AUX AMANDES

INGRÉDIENTS

4 piments de La Palma secs

4 gousses d'ail

100 gr. d'amandes pelées

½ petite cuillère de cumin en poudre

Une petite cuillère de poivre rouge doux

Une petite cuillère d'origan

200 ml d'huile d'olive

½ petite tasse de vinaigre

Une tranche de pain

Une pincée de sel marin

PRÉPARATION

❶ Faire tremper les amandes dans de l'eau bouillante durant quelques minutes pour les peler.

❷ Griller légèrement les amandes.

❸ Faire frire l'origan dans un peu d'huile.

❹ Faire frire la tranche de pain jusqu'à ce qu'elle soit dorée.

❺ Si ce sont des piments secs, les faire bouillir quelques minutes ou les faire tremper depuis la veille, les couper en morceaux et supprimer les graines.

6. Passer au mixer les amandes, l'ail hachés, le cumin, le poivre rouge doux, l'origan avec son huile, le pain frit, le sel, le vinaigre et la moitié de l'huile.
7. Mettre la pâte obtenue dans un bol.
8. Dans le mixer verser un peu d'eau, incorporer le reste d'huile et y ajouter les piments hachés jusqu'à obtention d'une pâte consistante.
9. Mettre cette pâte dans le bol où se trouve le reste et remuer avec une cuillère en bois jusqu'à ce que tout soit bien homogène et pâteux.

MOJO AROMÁTICO

MOJO AROMATIQUE

INGRÉDIENTS

1 piment de La Palma

4 gousses d'ail

1 poivron

½ bouquet de persil

1 branche de thym

½ feuille de laurier

1 brindille de menthe

1 petite cuillère d'origan

½ petite cuillère de cumin en poudre

Une petite cuillère de poivre rouge doux

Une cuillérée de vinaigre

½ tasse à café d'huile d'olive

½ verre de vin sec

Le jus d'un citron

Une pincée de sel marin

NOTE

S'utilise normalement pour le poisson frit.

PRÉPARATION

1. Faire frire l'ail et le piment hachés.
2. Mettre dans le mortier avec le reste des ingrédients et les herbes aromatiques hachées.
3. Finalement, incorporer l'huile et le vinaigre.

MOJITO O MOJO DE CALDO DE PESCADO

MOJITO OU MOJO DE BOUILLON DE POISSON

INGRÉDIENTS

1 tasse de bouillon de poisson

6 piments de La Palma secs

8 gousses d'ail

½ tasse d'huile d'olive

½ bouquet de persil

½ verre de vin

Une pincée de sel marin

Un peu de condiment jaune

PRÉPARATION

1. Broyer d'abord le persil et les gousses d'ail.
2. Ensuite, incorporer à la tasse de bouillon et ajouter le reste des ingrédients.
3. Verser dans une marmite et laisser bouillir quelques secondes.

NOTE

Utilisé pour agrémenter des poissons délicats comme la mostelle, le mérou, le cernier, etc.

MAJADO PARA VIEJAS

PRÉPARATION POUR LES "VIEJAS"

INGRÉDIENTS

1 piment piquant

4 gousses d'ail

½ bouquet de persil

Une pincée de cumin

½ petite cuillère de poivre rouge doux

1 petite tasse d'huile d'olive

3 cuillérées à soupe de vinaigre

Une pincée de sel marin

PRÉPARATION

1. Broyer dans le mortier les gousses d'ail pelées, le piment, le persil haché, le cumin, le poivre rouge et le sel.
2. Une fois que tout est bien écrasé, incorporer l'huile tout en remuant avec le pilon.
3. Finalement, ajouter le vinaigre et bien remuer le tout.

NOTE

utilisé pour des poissons comme les Viejas, si appréciées.

PAPAS ARRUGADAS

INGRÉDIENTS

3 Kg. de papas (patates)

½ Kg. de gros sel (ou de sel marin)

PRÉPARATION

1. Bien laver les patates.
2. Bien recouvrir d'eau les patates dans une marmite, avec ½ kilo de sel et mener à ébullition.
3. Lorsque l'eau commence à bouillir, baisser le feu et faire cuire à feu doux jusqu'à ce que les patates soient blanches, environ 30 minutes.
4. Vider la marmite de son eau et remettre sur le feu tout en remuant (lever la marmite et la balancer en l'air) sans le couvercle pour faire blanchir les patates.

NOTE

Les fameuses "papas arrugadas" ne doivent pas manquer pour saucer un bon mojo.

Blanca Moreno Méndez préparant un mojo

INDEX

Edita: Publicaciones Turquesa, S.L.
Santa Cruz de Tenerife · Islas Canarias / Canary Islands
Tel.: 922 24 79 61 · email: publicacionesturquesa@publicacionesturquesa.com
http://www.publicacionesturquesa.com

Recetas: Blanca Moreno Méndez, José Jesús Moreno Barroso y otros
Dirección y Diseño Editorial: José Manuel Moreno
Diseño y Maquetación: Publicaciones Turquesa, S.L. - Y... Manera, S.D.G., S.L.
Fotografías Recetas: José Manuel Moreno
Traducción: Mario Eduardo Luce Vesque

ISBN: 978-84-92648-44-3
Depósito legal: TF-203-2011
Impreso en España / Printed in Spain